Dieses Buch gehört:

Lina
Mersenich

Antonia Michaelis, Jahrgang 1979, in Norddeutschland geboren, in Süddeutschland aufgewachsen, zog es nach dem Abitur in die weite Welt. Sie arbeitete u. a. in Südindien, Nepal und Peru. In Greifswald studierte sie Medizin und begann parallel dazu, Geschichten für Kinder und Jugendliche zu schreiben. Sie lebt als freie Schriftstellerin mit ihrer Familie in Madagaskar.

Cathy Ionescu ist in Koblenz geboren und hat nach Abstechern in die Kunstgeschichte und Architektur in Münster und Seoul Design mit Schwerpunkt Illustration studiert. Sie lebt in Münster, wo sie als freiberufliche Illustratorin in der Ateliergemeinschaft Hafenstraße 64 arbeitet.

Antonia Michaelis

Die Tierhelfer

Igel gut, alles gut

Mit Bildern von Cathy Ionescu

Verlag Friedrich Oetinger · Hamburg

Inhalt

1. Der coolste Club

An dem Montag, an dem alles anfing, schien
die Sonne.

Janne trat pfeifend aus der Haustür. Sie hatte
eine Idee. Eine wunderbare, ganz neue und
abenteuerliche Idee.

Auf der Treppe kniete Papa und füllte
Katzenfutter in eine Schale.

„Für den Igel", sagte er. „Gestern
Nacht war er wieder da."

„Ja, ja", sagte Janne.

Sie glaubte so wenig an den Igel wie an den
Osterhasen. Papa hatte diesen Igel nur er-
funden, weil er Janne kein Haustier erlaubte.
Papa war nämlich allergisch.
Daran glaubte Janne eigentlich auch nicht.

Aber das war egal, denn sie hatte diese wunderbare Idee. Sie hopste bis zur Ecke, wo Ali und Tom schon warteten.

„Morgen", sagte Ali. Tom gähnte.

„Aufwachen, Mann!", rief Janne. „Heute gründen wir einen Club! Papas Igel sieht man sowieso nie, aber wir gründen heute den Club zur Errettung von schönen, großen und wichtigen Tieren. Da draußen ist alles voller Tiere, die Hilfe brauchen!"

„Club ist gut", meinte Ali. „Alle Leute haben in letzter Zeit einen Club.

Theresa und Nathalie haben den Club der geheimen Prinzessinnen und Lisa und Kalle den Club der zukünftigen Fußballstars ..."

„Aber wie finden wir die Tiger und Löwen zum Retten?", erkundigte sich Tom.

„Ach, die finden wir schon", sagte Janne und grinste. „Wir können ja auch mit Katzen und Mäusen anfangen. Fürs Erste."

Tom wollte Forscherin werden, wenn sie erwachsen war. Sie liebte alle großen Tiere: Wale, Nashörner, Orang-Utans ... Leider gab es in der Stadt keinen Zoo.

„Wie gründen wir denn den Club?", fragte Ali.

„Wir feiern eine feierliche Gründungsfeier",
erklärte Janne. „Heute nach der Schule, bei
mir. Wir halten Reden und stoßen an, und dann
sind wir Mitglieder."

„Vielleicht brauchen wir auch Ausweise",
meinte Ali. „Ich male die. Ich kann gut
Schlangen und Spinnen."

„Kannst du auch andere Tiere?", fragte Tom
vorsichtig.

„Hmm … Skorpione?", schlug Ali vor. In
diesem Moment schlug die Kirchturmuhr acht.

„Mist", sagte Janne, „wir kommen schon
wieder zu spät zur Schule."

2. Schnecken-Straße

Als die Sonne nachmittags auf die leere Igel-
Schale schien, klingelten Ali und Tom bei
Janne. Papa machte ihnen auf.

„Janne sitzt im Garten", sagte er. „Sie hat
irgendwas über eine Party gesagt."

Und er verschwand in seinem Computer-
zimmer.

Ali und Tom gingen also in den Garten neben
dem Wohnblock, wo Janne im Erdgeschoss
mit ihren Eltern wohnte.

Heute war der Garten geschmückt mit
zwei bunten Wimpelketten. Unter dem
Kirschbaum stand ein kleiner runder
Tisch, gedeckt mit einer weißen Decke
und Sektgläsern. Janne trug ein zu
schlackeriges blaues Seidenkleid.

„Die Tischdecke ist der Vorhang aus dem
Schlafzimmer von meinen Eltern", erklärte sie.
„Den brauchen die sowieso nie. Und das Kleid
ist von meiner Mutter, die kommt erst später
von der Arbeit."

Ali holte drei Anstecker aus seiner Tasche,
gebastelt aus Pappscheiben und Sicherheits-
nadeln. Janne heftete sie feierlich an Alis und
Toms T-Shirts – und zum Schluss an ihr
eigenes. Es pikte ein bisschen.

„Hiermit", sagte Janne, „ernenne ich uns zu Mitgliedern des ersten und einzigen Clubs zur Errettung von …"

„Warum habe ich eine gemalte Spinne?", fragte Tom. „Ich will lieber einen Dinosaurier."

„Dinosaurier kann ich nicht", knurrte Ali. „Du kannst meine Anakonda haben, wenn du willst. Oder Jannes Nacktmolch."

„Nein … danke", sagte Tom.

Das Problem mit Tom war, dass sie vor allem Angst hatte – außer vor großen Tieren.

Sie hieß eigentlich Tomasia, sah aber aus wie ein Junge. Ein ängstlicher Junge.

Das Problem mit Ali war, dass er Tiere mochte, die keiner sonst mochte.

Das Problem mit Janne war, dass sie in genau diesem Moment ein Tier sah, das Hilfe brauchte.

Sie sprang auf und stieß ihr Glas um.

„Unser erster Fall! Der erste Fall der Tierhelfer! Ich meine ... des Clubs zur Errettung von schönen, großen und wichtigen ...“

„Wo denn?“, fragten Ali und Tom im Chor.

Janne war zum Gartenzaun gerannt, und jetzt kniete sie dort im Blumenbeet.

Tom und Ali knieten sich neben sie. Den Blumen tat das nicht so gut.

12

„Da!", hauchte Janne.

Vor ihr kroch eine Schnecke mit gelb-schwarz
gestreiftem Haus unter dem Zaun durch. Es
gab keinen Bürgersteig vor Jannes Haus. Die
Schnecke kroch direkt auf die Straße.

„Sie wird überfahren!", flüsterte Janne. „Ist sie
nicht wunderschön?"

„Also, ich finde Nacktschnecken ja schöner …", begann Ali.

Sie kletterten alle drei über den niedrigen Zaun.

„Ich heb die Schnecke auf und bring sie schnell rüber", bot Ali an.

Janne schüttelte den Kopf. „Nein. Schnecken haben ein anderes Gefühl für Zeit als wir. Sie müssen Dinge langsam tun. Wir sperren jetzt die Straße ab, bis die Schnecke drüber ist.

Greenpeace macht das auch, die sperren den ganzen Strand ab, wenn ein Wal gestrandet ist …"

„Ein Wal …", sagte Tom träumerisch. „Meinst du, wir finden auch mal einen Wal?"

Sie trugen zwei Gartenstühle auf die andere Straßenseite und spannten die Wimpelketten zwischen den Stühlen und dem Zaun. So hatte die Schnecke einen sicheren Weg.

Dann malten sie ein Schild mit den Worten VOSICHT SCHNEKKE. Und dann setzten sie sich neben die Schnecke und warteten.

Die Straße war eine Spielstraße im Neubau-
gebiet. Es kam kein Auto.

Die Schnecke zog sich nach einem halben
Meter in ihr Haus zurück und machte eine
Pause.

„Wie laaangweilig", sagte Tom. „Kommt, wir
gehen lieber Kirschen essen."

„Ich bleibe", erklärte Janne entschlossen.
Und dann näherte sich doch ein Auto. Das
Auto des Nachbarn Schmidt.

„Was ist denn hier los?", fragte er aus dem
Autofenster.

Janne trat ganz nahe und flüsterte: „Pssst!
Da geht eine Schnecke über die Straße! Sie
müssen von der anderen Seite an Ihre Garage
heranfahren. Außenrum."

Der Nachbar seufzte und wendete seinen
Wagen.

Danach kamen mehrere Autos. Janne ließ
keines durch.

„Die Schnecke rührt sich doch gar nicht!",
sagte ein junger Typ mit lauter Musik an.
„Die ist tot, wetten? Ich fahr jetzt. Zieh Leine,
Kleine!"

Er ließ den Motor aufheulen – und da schrie
Janne laut: „Tierhelfer-Alaaaarm!"

Eine Sekunde später sprangen Tom und Ali
über den Zaun und stellten sich neben sie.

18

Der junge Typ fluchte und wendete doch noch.

„Seht ihr", sagte Janne. „Zusammen besiegen wir sogar ein Auto!"

Um sechs Uhr abends kam Mama. Sie wunderte sich, dass Janne in ihrem besten Kleid auf der Straße kniete.

„Was ist das denn?", fragte sie aus dem offenen Fenster. „Eine Sitzblockade?"

„Wir bewachen ein Tier", erklärte Janne. Tom war eingeschlafen. Ali gähnte, und Janne war vielleicht auch kurz weggenickt.

„Was für ein Tier?", fragte Mama.

„Die Schne…", begann Janne und verstummte. Die Schnecke war weg. Sie musste sich aus dem Staub gemacht haben, als Janne nicht hingesehen hatte.

„Zeit zum Abendessen", sagte Mama. „Macht jetzt die Wimpelketten ab."

Oben in der Wohnung zog Papa seine Schuhe aus, als wäre er eben draußen gewesen. Möglicherweise, um eine Schnecke von der Straße zu tragen. Aber er behauptete, er hätte den Müll rausgebracht.

3. Mammut-Morgen

Ein paar Tage später war Tom morgens ganz aufgeregt.

„Kommt mit, ich hab was entdeckt!", flüsterte sie.

„Aber dann kommen wir wieder zu spät zur Schule", sagte Ali.

„Nee, das dauert nicht lange", meinte Tom.
„Wir helfen nur ganz schnell …"

Sie bogen um eine Ecke.

„… ein paar Mammuts", sagte Tom und strahlte.

Auf der Wiese hinter dem Zaun grasten vier riesige rotbraune Zottelbiester.

„Das sind Mammuts?", fragte Janne verblüfft. „Echte Mammuts?"

„Klar, siehst du doch", meinte Tom. „Sie sind gestern Abend angekommen. In einem Lkw."

Ein Mammut kam an den Zaun, und Tom gab ihm einen Apfel. Während das Mammut ihn zerknurpste, strich sie seine Zotteln beiseite. Zwei freundliche braune Augen sahen die Kinder an.

„Es guckt sooo traurig", sagte Tom.

„Es guckt wie jemand, der einen Apfel isst",
sagte Ali.

„Wir müssen sie befreien", sagte Tom. „Sie
sind eingesperrt, die Armen. Aber alleine krieg
ich das Gatter nicht auf. Der Riegel klemmt."

Janne krempelte die Ärmel hoch. „Auf drei",
entschied sie. „Eins, zwei …"

Bei „drei" zogen sie, der Riegel rutschte zur
Seite, und das Gatter schwang auf.
Das Mammut guckte jetzt eindeutig erstaunt.
Dann trottete es auf die Straße. Die drei
anderen folgten.
Die Kirchturmuhr schlug acht.

„Wir kommen zu spät", sagte Ali.

Es geschah in der großen Pause.

Die drei Tierhelfer waren gerade dabei, die
Tauben mit ihren Pausenbroten zu füttern, da
drückte ein riesiges Zotteltier das Tor auf und
stürmte auf den Hof.

„Unser Mammut!", rief Janne. „Und … seine
drei Freunde!"

Die anderen Kinder kreischten und flohen nach
drinnen.

Die Lehrerin fuchtelte mit
einem Schulbuch herum.
„Weg, weg, ihr Biester!",
schrie sie. „Hiiiilfe!"

„Nicht die Mammuts hauen!",
schrie Tom. „Wir haben sie
befreit!"

„Das sind Schottische Hochlandrinder!", schrie
die Lehrerin. „Die trampeln hier alles kurz und
klein …"

„Gar nicht wahr!", rief Tom.

Doch in diesem Moment hatten die schottischen Mammuts den Schulgarten neben dem Hof entdeckt. Mit einem begeisterten „Muuuuh!" stürzten sie sich auf die Blumen-beete. Blumen schienen ihnen zu schmecken. Eines leckte die Lehrerin ab, um zu testen, ob die auch schmeckte.

Und schließlich rief jemand die Feuerwehr.

Die Feuerwehrmänner fingen die Tiere wieder ein, und Tom weinte.

„Ab jetzt", schluchzte sie, „lese ich den Mammuts zum Trost jeden Morgen eine Geschichte vor."

Am Nachmittag saßen die Tierhelfer auf Alis Balkon und schrieben fünfzigmal „Ich darf keine schottischen Rinder freilassen".

Ali hatte sieben brave Schwestern, das war sehr praktisch, weil sie alle halfen.

Nur Tom schrieb: „Ich darf keine schottischen Rinder freilassen. Und das haben wir auch nicht gemacht. Es waren Mammuts."

4. Mäuse-Meute

In der Woche drauf brachte Ali einen Karton
mit Luftlöchern mit zur Schule.

Er ging nach vorne, zwinkerte Tom und Janne
zu und stellte den Karton auf den Lehrertisch.

„Wir haben doch jetzt Sachkunde", sagte er
zur Lehrerin. „Das hier passt prima. Die im
Karton … ich habe sie gerettet.
Weil ich Tierhelfer bin. Sie
waren gefangen, aber ich
habe sie befreit."

„Ali … ", begann die Lehrerin.

„Es sind keine Mammuts", sagte Ali schnell.
Und öffnete den Karton.

„Oh, Mäuse!", rief Janne. „Wie süß! Guckt
doch mal, die Knopfaugen!"

„Sie waren in unserer Speisekammer", erklärte
Ali. „Und jetzt will Papa sie im Park aussetzen!
Dabei sind es doch Hausmäuse. Die kennen
sich draußen gar nicht aus. Deshalb dachte
ich, sie könnten hier wohnen. In der Schule. Ist
das nicht fabelhaft?"

Er kippte den Karton langsam zur Seite, und
zwanzig kleine graue Mäuse wuselten heraus.
Sie hüpften vom Tisch und liefen über den
Boden, und dabei sahen sie sehr niedlich aus,
aber die Lehrerin schrie und kletterte auf den
Tisch.

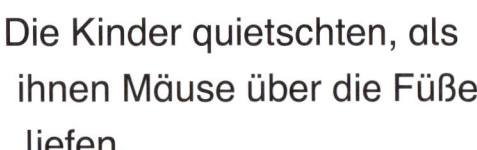

Die Kinder quietschten, als
ihnen Mäuse über die Füße
liefen.

Rasch machte Tom die Tür auf, damit die armen Mäuse in den Flur rennen
konnten.

„Fangt sie ein!", rief die Lehrerin.

„Komisch", sagte Tom. „Erst wollte sie sie nicht
anfassen, und jetzt will sie sie haben!"

Eine kleine Maus versteckte sich in Jannes
Hosenbein. Janne trug sie behutsam zu dem
großen alten Schrank, in dem die Lehrerin die
Belohnungs-Schokolade
aufbewahrte.
„Lauf schon rein!", flüsterte
sie der Maus zu. „Da
hast du immer was zu
knabbern!"

 In diesem Moment legte sich eine Hand
auf ihre Schulter.

„Und du kommst mit mir mit, Fräulein", sagte
der Schuldirektor.

An diesem Nachmittag sprach der Schuldirektor mit den Eltern von Janne und Ali und Tom.

Die Kinder lauschten an der Tür.

„So geht das nicht weiter", hörten sie den
Direktor sagen. „Mäuse in der Schule! Die
übertragen Krankheiten! Jetzt haben sie sich
versteckt, die finden wir nie wieder. Und seit die
Kinder auf dem Hof die Tauben füttern, sind aus
drei Tauben dreihundert geworden. Oder diese
Rinder! Die haben den Schul-
garten verwüstet!"

„Wir hatten neulich eine Vollsperrung", erklärte Jannes Papa. „Wegen einer Schnecke."

Sie hörten mehrere Leute hinter der Tür angestrengt husten.

„Sorgen Sie dafür, dass diese Tierhelfer-Sache aufhört", sagte der Direktor. „Sonst sorge ich dafür, dass drei Kinder von meiner Schule fliegen wie freigelassene Kanarienvögel."

5. Käfer-Krankenhaus

Es war ein warmer Tag, und am Nachmittag
gingen sie alle ins Freibad. Außer die Mütter,
die mussten arbeiten.

„So", sagte Jannes Papa. „Jetzt werden wir ein
ernstes Wort reden, bevor ihr ins Wasser rennt.
Ihr wisst, dass euer Direktor es nicht gut findet,
wenn ihr Tiere mit in die Schule bringt. Es ist
schön, dass ihr Tieren helfen wollt, aber …
nicht alle Tiere brauchen Hilfe. Manche sind
einfach ganz glücklich so. Schnecken und
Mäuse zum Beispiel …"

Weiter kam er nicht.

„Da!", rief Janne. „Im Wasser! Ein Marienkäfer! Nein, zwei! Nein, hundert! Das Wasser ist ja ganz rot vor Marienkäfern!"

„Sie werden ertrinken!", rief Ali.

Damit rannten sie los. Hinter ihnen blieb ein seufzender Papa zurück.

Als er am Schwimmbecken ankam, wateten ihm Janne, Tom und Ali mit Händen voller Marienkäfer entgegen.

„Wir müssen ein Käfer-Krankenhaus bauen",
erklärte Janne. „Manche Käfer sind unterkühlt.
Ich glaube, wir brauchen Wärmedecken. Im
Fernsehen sind die immer golden."

„Alu geht auch", meinte Ali. „Ich geh Crêpes
kaufen dahinten. Wenn man die to go nimmt,
kriegt man Alu drum." Er ließ sich von seinem
Vater Geld geben, der etwas murmelte und
weiter Zeitung las.

Alis sieben brave Schwestern lagen auf sieben
Handtüchern und lasen. Das war praktisch,
denn Ali konnte für sie alle Crêpes mitbringen.
Die Schwestern wollten keine Crêpes, wegen
ihrer Figur, aber immerhin hatten sie jetzt eine
Menge Alufolie.

Die Käfer durften auf kleinen Blättern liegen, die sie von einer Topfpflanze im Freibad pflückten. Die Käfer wollten auch keine Crêpes essen, aber die Aludecken sahen sehr hübsch aus auf ihnen.

Während Tom sich um die Patienten kümmerte, retteten Ali und Janne noch mehr Käfer, sie retteten und retteten, es nahm gar kein Ende.

Ein Stück weiter lagen ein paar Kinder aus ihrer Klasse auf der Freibadwiese. Sie guckten rüber und kicherten. Janne wollte gerade hingehen und etwas Böses sagen, da kam plötzlich Wind auf. Und das ganze Käfer-Krankenhaus wurde hoch in die Luft gewirbelt: Alufolie, Schoko-laden-Crêpes, Käfer … Doch als Janne genau hinsah, merkte sie, dass die Käfer wegflogen. Sie mochten den Wind, der sie davontrug.

„Schaut nur!", sagte Janne glücklich. „Sie sind geheilt!"

Gerade da fing es an zu regnen.

„Zeit, nach Hause zu gehen", sagte Alis Vater.

„Da sind aber noch ungefähr tausend Käfer im Wasser!", meinte Ali.

„Wir … wir werfen Rettungsringe rein", sagte Janne. „Oder sehr kleine Luftmatratzen. Dann können die Käfer sich selbst retten."

„Blätter gehen auch, oder?", meinte Ali.

Sie pflückten die restlichen Blätter der Topfpflanzen und streuten sie aufs Wasser.

Und dann sprangen sie ziemlich eilig auf ihre
Fahrräder.

Hinter ihnen fuchtelte nämlich eine Frau vom
Freibad in der Luft herum. Vielleicht hatte
sie die Topfpflanzen mit Blättern schöner
gefunden.

6. Igel-Irrsinn

An diesem Abend saß Jannes Papa vor der Tür
und sah nachdenklich aus.

Janne schob die Igel-Schale weg und setzte
sich neben ihn.

„Die Schwimmbadfrau hat angerufen", sagte er. „Sie hat nicht eingesehen, dass ihr den Käfern helfen musstet. Janne … reicht es nicht, dass wir einen Igel haben?"

„Haben wir nicht", sagte Janne. „Du schleichst nachts raus und isst das Katzenfutter selber. Stimmt's? Damit ich an den Igel glaube … Oh, guck mal!"

„Was ist denn?"

„Da ist eine Kellerassel." Janne sprang auf. „Die muss ich in den Keller bringen!"

„Janne." Papa seufzte. „Es ist Zeit fürs Bett. Diese Assel braucht keine Hilfe. Genauso wenig wie …"

„Du verstehst gar nichts!", schnaubte Janne und nahm die Assel behutsam hoch. „Eines Tages! Eines Tages werdet ihr noch staunen, wie großartig der Tierhelfer-Club ist."

Am nächsten Morgen war die Igel-Schale noch voller Katzenfutter, als Janne aus dem Haus ging. Papa hatte aufgehört, so zu tun, als gäbe es den Igel.

Irgendwie machte Janne das noch trauriger.

Ein leichter Nieselregen fiel, die ganze Welt sah nieselig aus, und innen drin war Janne auch ganz nieselig zumute.

Tom und Ali standen an der Ecke, und sie trotteten zur Schule und hatten keinen Grund, zu spät zu kommen.

Dann blieb Tom plötzlich stehen.

„Guckt mal!", rief sie und zeigte auf die Straße. Da lag ein dunkler, stiller Klumpen.

„Sieht aus wie … ein Igel!", sagte Ali.

Sie knieten sich alle neben den dunklen Klumpen, und es war wirklich ein Igel.
Er lag auf der Seite, halb eingerollt, und man sah sein kleines, spitzes Gesicht. Die Augen waren geschlossen, die schwarze Nase zuckte. Die winzigen Pfoten hatte er von sich gestreckt.

„Oh, ist der niedlich!", flüsterte Janne und seufzte schwer. „Aber ich glaube, der ist tot. Überfahren worden."

„Tote Igel zucken doch nicht mit der Nase!", sagte Ali.

„Wir müssen ihm helfen", erklärte Tom. „Wir sind doch die Tierhelfer!"

Sie sahen sich an. Und auf einmal war die Nieseligkeit wie weggeblasen.

„Wir sind die Tierhelfer!", wiederholten alle
feierlich.

„Unfallopfer soll man möglichst wenig
bewegen", sagte Janne. Sie leerte ihre Schul-
tasche aus und schob ein Schulbuch unter
den Igel. Als Trage. Weil er fast herunterrollte,
musste sie ihre Arme um die Trage legen, was
etwas schwierig war.

„Ich weiß, in welcher Straße der Tierarzt ist",
erklärte Ali stolz.

Und so gingen sie los. Mit Igel. Ohne Schul-
taschen.

Es gab Wichtigeres. Und zu spät kommen
würden sie sowieso.

Ali wusste, in welcher Straße der Tierarzt
war, weil der Arzt den Hamster von einer der
braven Schwestern repariert hatte. Aber bei
der Hausnummer war er sich nicht sicher.
Der Hamster war lange her.

„Da vorne!", sagte Tom. „Da ist ein weißes
Haus mit einem roten Kreuz dran!"

„Was kann ich für euch tun?", fragte die Frau
hinter der Glasscheibe durch ein paar Luft-
löcher. Janne fragte sich, ob sie eingesperrt
war und ihr geholfen werden musste.

„Sind Sie der Tierarzt?", fragte Tom.

„Die Tierärztin heißt Frau Meier und ist da drin", sagte die Dame und zeigte auf eine grüne Tür. „Aber ihr müsst euch erst anmelden. Und das hier ausfüllen."

Sie hielt einen Zettel hoch. „Name des Patienten? Geburtsdatum?"

„Wir wissen nicht, wie der Igel heißt oder wann er Geburtstag hat", sagte Janne. „Er spricht nicht mit uns. Er ist ohnmächtig. Er wurde vielleicht von einem Auto überfahren."

„Igel? Oh", sagte die Dame hinter dem Glas.
„Habt ihr den gefunden, ja?"

Janne nickte und hielt das Buch mit dem Igel
drauf hoch. „Wir haben ihn auf diese Bahre
gelegt. War das richtig?"

„Bestimmt", sagte die Frau. Sie lächelte. „Der
ist aber niedlich. Na gut, lassen wir den Namen
weg. Wer kommt für die Behandlungskosten
auf?"
„Wer kommt … auf was?", fragte Tom.

„Wer bezahlt?", wollte die Frau wissen.

Die drei Tierhelfer sahen sich an. Keiner von
ihnen hatte Geld.

„Das bereden wir mit Frau Meier", sagte Ali.

Die Dame nickte und lächelte wieder, sie
schien den Igel zu mögen.

„Ihr seid als Nächstes dran", sagte sie.

Janne sah sich um. Im Wartezimmer saßen
schon drei Hunde und zwei Katzen in
Käfigen.

„Ihr seid ein Notfall", sagte die nette Frau.
„Vielleicht kann man den Igel ja noch retten.

Aber ich will euch keine falsche Hoffnung
machen. Überfahrene Igel sterben meistens."

„Dieser stirbt nicht meistens!", rief Tom mit
Tränen in den Augen.
„Okay", sagte die Frau.

7. Floh-Fund

Und dann ging die grüne Tür auf, und Frau Meier winkte sie herein.

„Du meine Güte, ein Igel!", sagte sie und lächelte. Genau wie die Frau hinter dem Glas.

Frau Meier war klein und kugelig und hatte tausend Sommersprossen. Und Igel-kurze Haare. „Wir haben ihn gefunden", sagte Ali. „Da war er noch bewusstlos. Stirbt er?"

Da nahm Frau Meier den Igel von Jannes Buch, legte ihn auf einen Tisch und rollte ihn aus. Er hatte die schwarzen Knopfaugen jetzt geöffnet, und seine feinen Schnurrhaare zitterten.

Eine Weile tastete die Tierärztin an ihm herum, leuchtete ihm in die Augen und hörte ihn mit einem Stethoskop ab. Alles wie beim Menschen. Dann sagte sie: „Dieser Igel hat …"

Die Tierhelfer hielten vor Spannung den Atem an.

„… Flöhe", sagte die Tierärztin und kratzte sich am Arm. „Und die rechte Vorderpfote ist wahrscheinlich gebrochen. Ansonsten hat er vielleicht eine Art Gehirnerschütterung."

Sie schiente die Pfote, wickelte eine winzige weiße Bandage darum und gab dem Igel eine Spritze.

„Damit ihm die Pfote nicht so wehtut", erklärte sie. Und schließlich drückte sie Janne den Igel in die Arme. Ohne Schulbuch, einfach so. Er fühlte sich wunderbar warm und kuschelig an und so ausgerollt auch nur ganz wenig piksig.

„Ihr müsst ihn eine Woche zu Hause behalten", sagte die Tierärztin. „Flohpuder gebe ich euch mit. Er frisst Katzenfutter und Obst und darf keine Milch trinken."

„Ich glaube, Papa kennt den Igel schon länger ...", murmelte Janne.

„Es ist sehr lobenswert, dass ihr ihn aufgesammelt habt", sagte die Tierärztin. „Sonst wäre er vom nächsten Auto richtig über-fahren worden. Und er hätte nie mehr laufen können. Ihr seid mutige und schlaue Kinder."

Da wurde Janne so warm wie ein Sonnen-strahl, und sie sah, dass es Tom und Ali ebenso ging. Dann fiel Janne etwas ein. Die Bezahlung. „Wir können bloß leider nicht bezahlen", flüsterte sie besorgt.

„Doch", sagte Ali. Und zur Tierärztin: „Sie dürfen Ehrenmitglied in unserem Club werden. Dem Club der Tierhelf..."

„Dem Club zur Errettung schöner und wichtiger Tiere", sagte Janne schnell.

„Ich male Ihnen eine eigene Anstecknadel", erklärte Ali. „Was für ein Tier hätten Sie denn gerne?"

„Er kann nur Tiere, die andere Leute nicht mögen", fügte Tom rasch hinzu.

Die Tierärztin grinste.

„Dann hätte ich gerne eine schöne schwarze Fledermaus."

„Kriegen Sie", sagte Ali. „Gleich morgen früh."
„Und was tue ich so, wenn ich Mitglied bin?",
erkundigte sich Frau Meier.

„Lauter tolle Sachen. Wie … Schnecken
bewachen", sagte Tom. „Oder Mäuse
freilassen."

„Aber niemand versteht uns", sagte Janne.
„Die Kinder in unserer Klasse lachen bloß, und
die Lehrer wollen uns verbieten, Tierhelfer zu
sein."

„Na, da werden wir mal
sehen, ob sie das
verbieten können",
sagte Frau Meier.

8. Kastanien-Katze

Zwei Tage später ging mitten im Unterricht plötzlich die Tür auf.

Und herein kam Frau Meier.

„Ich habe gehört, Sie machen in dieser Stunde Sachkunde", sagte sie zur Lehrerin. „Und ich dachte, das hier passt gut. Drei sehr mutige Kinder aus Ihrer Klasse haben vor Kurzem einen Igel gerettet. Sie waren mit dem Igel bei mir. Deshalb haben sie leider den Unterricht verpasst. Heute möchte ich euch allen etwas über die Rettung von angefahrenen Tieren erzählen ..."

Die anderen in der Klasse tuschelten.

Aber es war kein böses Tuscheln. Es war ein bewunderndes Tuscheln.

Die Lehrerin sah auch zu ihnen. Sie lächelte.
Fast so freundlich wie die Tierarzthelferin.

Janne spürte, wie das Glück durch sie
hindurchrieselte.

Zu Hause wartete der Igel auf sie, der im Flur
wohnte.

Papa hatte sofort gesagt: „Gegen Igel bin ich allergisch, er kann nicht bei uns … Ooh, wie niedlich! Er hat sich die Lippen mit seiner kleinen rosa Zunge geleckt! Unser Katzenfutter schmeckt ihm! Darf ich ihn mal halten?"

Der Vortrag war vorbei, alle klatschten. Frau Meier verbeugte sich.

In diesem Moment kam der Direktor herein.

„Draußen auf der Schul-Kastanie sitzt eine Katze, ganz oben, und schreit um Hilfe", sagte er. „Hier in der Klasse sind doch diese … wie heißen die? Tierhelfer? Ich glaube, wir brauchen euch."

Tierhelfer-Spiel

Spiel für 2 Spieler

Ihr braucht:

**2 Spielfiguren, 1 Würfel,
1 großen Kiesel, 8 kleine Kiesel**

Vorbereitung: Malt auf den großen Kieselstein
einen Igel und legt ihn auf ein beliebiges weißes Feld.

Wer schafft es, den Igel zu retten?
Stellt eure Figuren auf Start und würfelt abwechselnd. Ihr
dürft in alle Richtungen laufen. Bevor ihr den Igel retten
könnt, müsst ihr euch als echte Tierhelfer bewähren. Versucht hierfür, auf jedes Tier eures Abzeichens mindestens
1-mal zu kommen. Bist du auf so einem Tierfeld gelandet,
darfst du einen Kiesel auf dein Abzeichen legen. Ist dein
Abzeichen voll, versuche so schnell wie möglich auf das
Feld mit dem Igel zu kommen. Landet ihr auf dem Pfeilfeld, dürft ihr den Igel auf ein anderes weißes Feld legen.

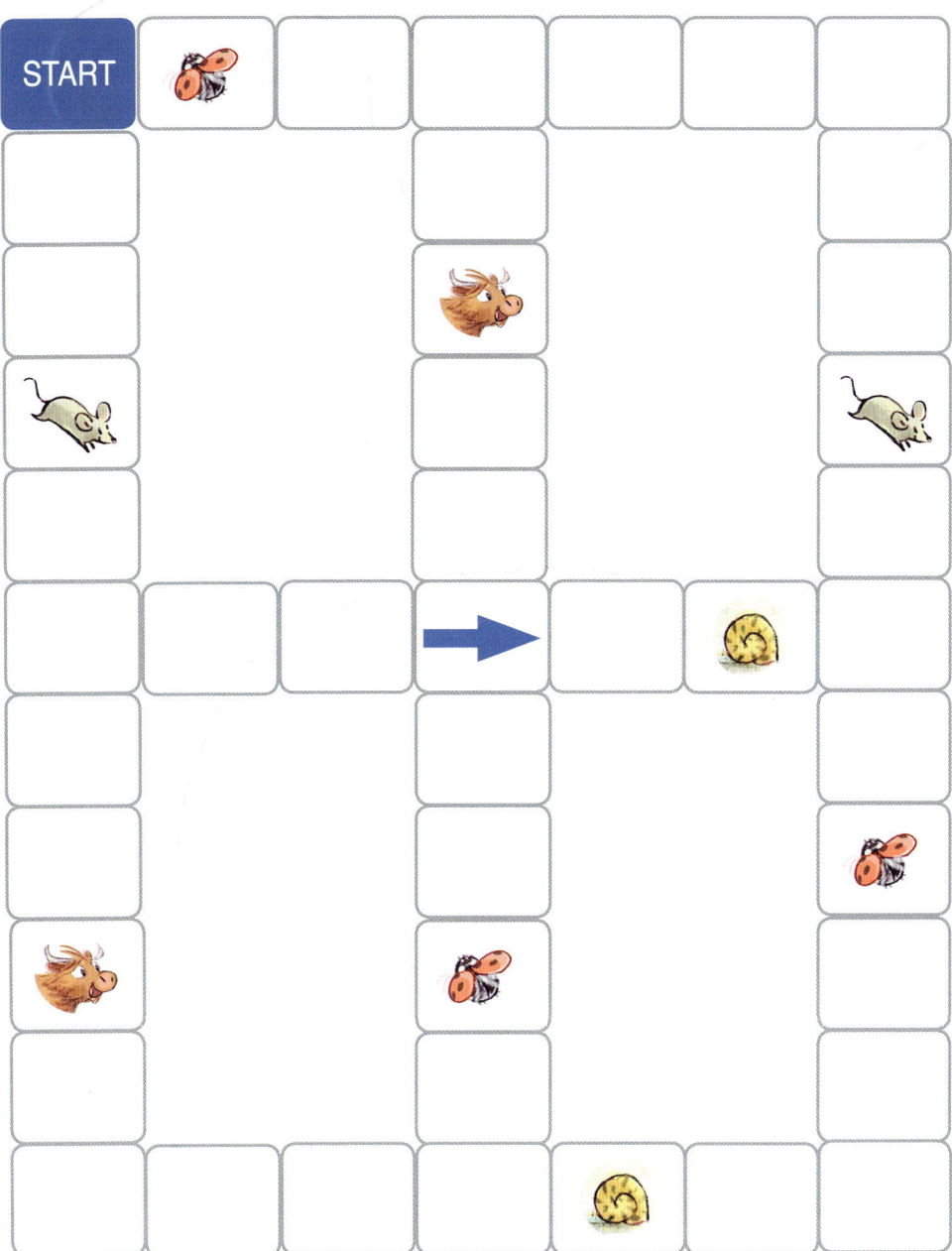

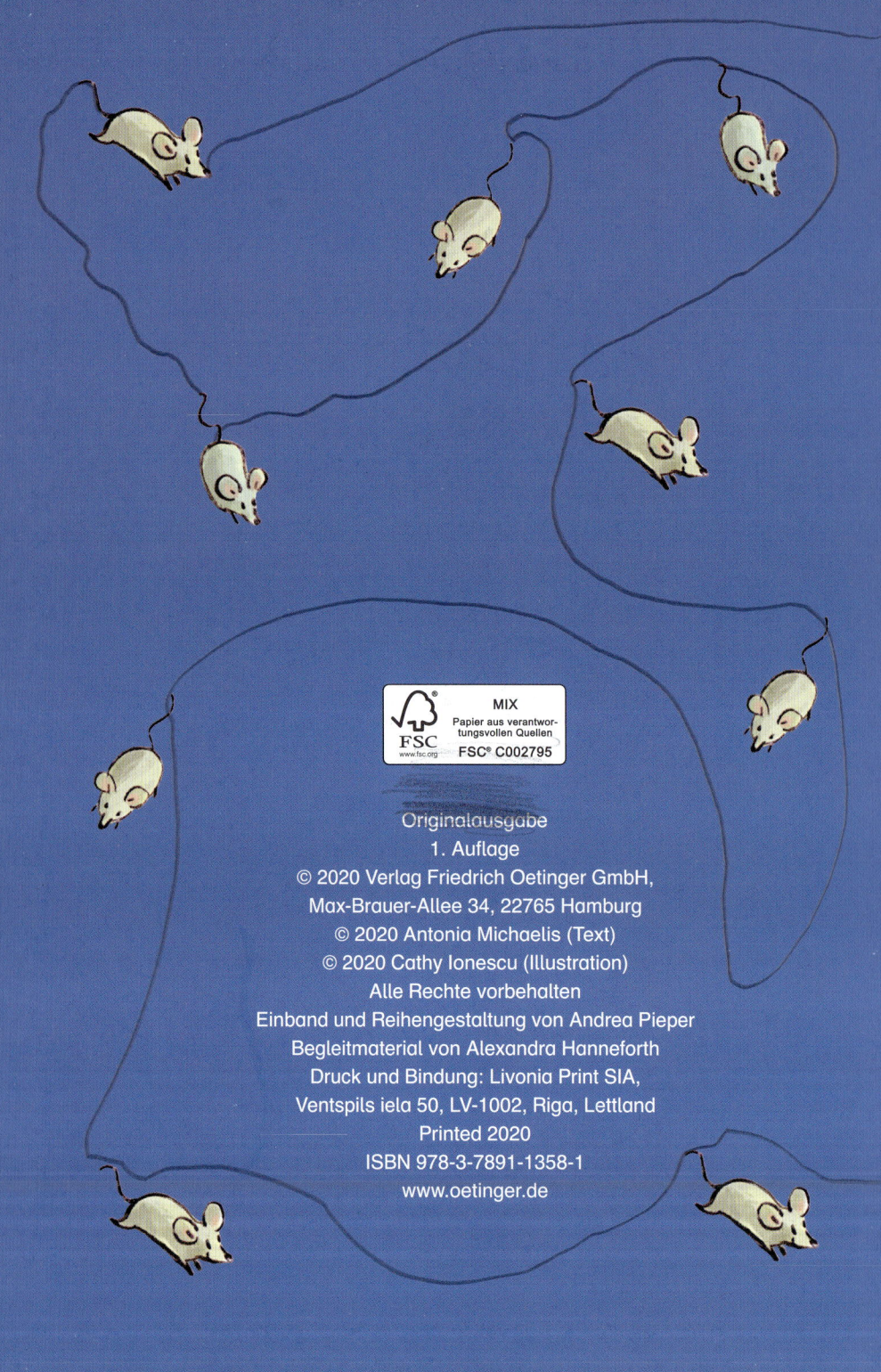

MIX
Papier aus verantwor-
tungsvollen Quellen
FSC® C002795
FSC
www.fsc.org

Originalausgabe
1. Auflage
© 2020 Verlag Friedrich Oetinger GmbH,
Max-Brauer-Allee 34, 22765 Hamburg
© 2020 Antonia Michaelis (Text)
© 2020 Cathy Ionescu (Illustration)
Alle Rechte vorbehalten
Einband und Reihengestaltung von Andrea Pieper
Begleitmaterial von Alexandra Hanneforth
Druck und Bindung: Livonia Print SIA,
Ventspils iela 50, LV-1002, Riga, Lettland
Printed 2020
ISBN 978-3-7891-1358-1
www.oetinger.de